Canciones de cuna para Renata

Canciones de cuna para Renata

Aurora Olmedo

Título: Canciones de cuna para Renata.
Autora: Aurora Olmedo.
Fecha de publicación: septiembre del 2020.
Sello: Independently published.

ISBN: 9798688111613
© Todos los derechos reservados.

Diseño de portada: Liliana Del Rosso.
Maquetación: Liliana Del Rosso.
Fotografía: Marcos Barrena.

(Art.270 y siguientes del Código Penal).
(Copyright) Queda rigurosamente prohibida, sin la autorización escrita de los titulares del Copyright, bajo la sanción establecida por la ley, la reproducción parcial o total de esta obra por cualquier medio o procedimiento, comprendidos la reprografía y el tratamiento informático, y la reproducción de ejemplares de ella mediante alquiler o préstamo público.

Duerme, duerme, pequeña, que el sol se ha ido
Y yo junto caricias sobre tu almohada
Y susurro canciones con mermelada
Mientras hadas con sueño hacen un nido
en tu cuna… Ya duerme que yo te cuido.

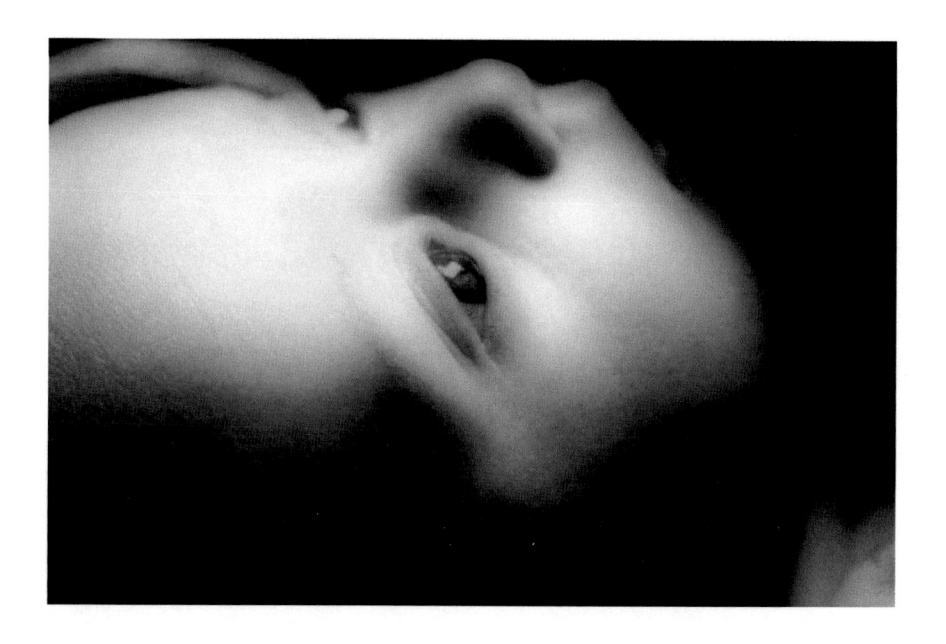

Primera parte

Cuando llegue el momento, cuando muy honda
una luz chiquitita dibuje trazos
de jolgorio en el cielo y se haga pedazos,
por la risa, mi risa toda redonda....
cuando Mayo impaciente haga una ronda,
nacerás estrenando mis nuevos brazos.
Cuando sea la risa toda redonda....

Mientras lleno y relleno tanto cuaderno
con los versos chiquitos con gusto a leña,
mientras duerme la luna y te haces dueña
de algún sol que no quiere que sea invierno,
porque es lindo este otoño aunque sea eterno.
Mientras junto rescoldos por ti pequeña...
Mientras lleno con versos tanto cuaderno...

Un solcito de Mayo viene rodando,
y rodando y rodando como un ovillo
se ha metido travieso por mi bolsillo
y por eso ahora vivo como brillando.
Mientras cuento los días, sigo tratando
de esperarte brillando y en tanto brillo
un solcito de Mayo viene rodando.

¡Qué solcito travieso que usa bufanda
y un gorrito de lana sobre su frente!
Y me cuenta, Renata, que está impaciente
y por tan impaciente, crece y se agranda
como casi se agranda mi mano blanda
para darte caricias de amor urgente
bajo un sol muy travieso que usa bufanda!

Nubecitas con guantes van comentando
que el espacio parece que no te alcanza,
que das vueltas y vueltas y por la panza
de mamá, te desplazas como bailando,
de algodón tus piernitas vas estirando...
Mi pequeña... ¿Qué arte tiene tu danza?
que las nubes con guantes van comentando.

Mientras caen los días por mi ventana
muy despacio y a veces, más despacito,
mientras digo tu nombre y muy bajito
voy cantando canciones de cuna y lana,
hay un duende de risa que a la mañana
me da risa y me inspira otro versito
mientras caen los días por mi ventana.

Mientras pinto mi pelo con acuarela

y distraigo canitas con luz morena,

y el sonido de un grillo suena y resuena

en mi alma de grillo que salta y vuela

para verte... ¡Qué raro ver a una abuela

que atraviesa un cielito y lo rellena

can canitas pintadas con acuarela!

Este sol que me llama aunque esté despierta,

con un mapa y me aturde con la campana,

y dibuja avioncitos de luz temprana

y prepara maletas y abre una puerta...

¿Es que acaso se olvida que soy experta

en volar a una tierra que está lejana?

Este sol que me llama aunque esté despierta.

Mi solcito dibuja dos corazones

de rayitos dorados por todo el cielo.

Como yo nunca pude aferrarme al suelo

voy juntando plumitas por los rincones

y me voy con las aves y los aviones

y yo vuelo, yo vuelo a tu lado y vuelo,

dibujando en el cielo dos corazones.

Con trocitos de otoño y con hojitas

tejeremos caminos hacia tu casa,

y el solcito de Mayo con tibia brasa

nos verá, mi pequeña, abrazaditas,

y la noche de plata con estrellitas

ya sabrán por qué río y qué me pasa,

entre trozos de otoño y mil hojitas.

Y esta tanta impaciencia que no me deja
mientras blanco y celeste, Mayo se asoma
y asomándose lento, me hace una broma
y sonríe travieso de oreja a oreja
destejiendo rayitos de una madeja
y de tanto reírse se me desploma
¡Y esta tibia impaciencia que no me deja!

Acumulo tronquitos para la leña,
acumulo caricias con escarpines,
acumulo las notas de los violines
para hacer una fiesta por ti, pequeña.
Esta abuela que sueña, sueña y se empeña
en plantarte versitos por los jardines
mientras junto tronquitos para la leña.

Leve siento mi mano como la espuma

y la tinta se vuelve una poesía

mientras pienso, Renata, que la alegría

se derrama en mi verso como una pluma.

Es mi amor que te escribe y suma que suma

una rima, otra rima, día tras día,

y es tan leve mi mano como la espuma.

¿Quién será ese globito que es tan hermoso?

¡Es mamita y parece que casi explota!

Y el solcito de Mayo que se alborota

porque ve que a mamita no das reposo.

Pececito chiquito y tan revoltoso,

pececito travieso que flota y flota

en mamá que parece un globito hermoso.

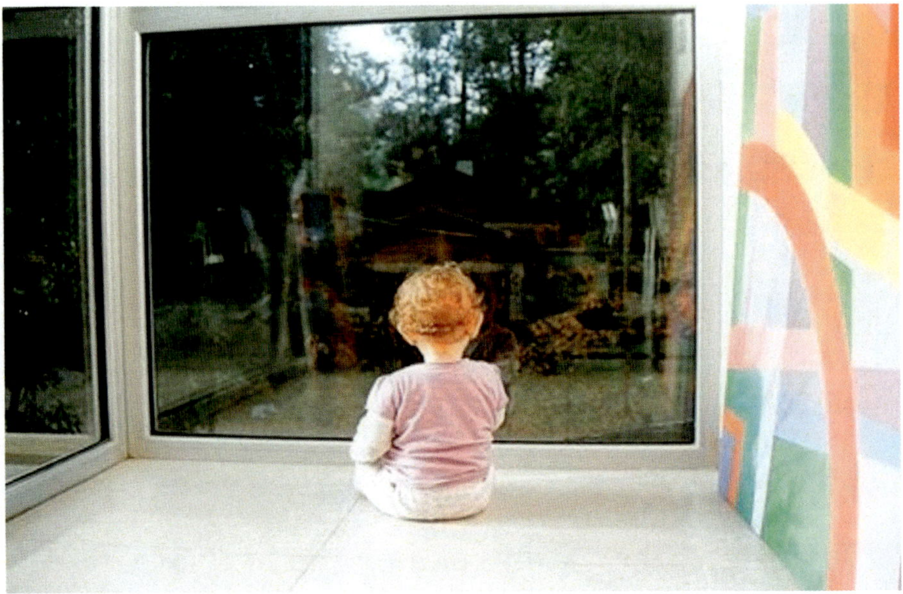

Mientras guardo en mi pecho luna por luna,
mientras sé que el sol tiene frio y se aguanta,
escuchando al otoño que canta y canta
mientras cuento mis rimas, una por una,
en mi espera tan bella como ninguna.
Y encantada en el sueño que más me encanta
voy contando los días, luna por luna.

Esta abuela que canta con voz salada
porque el mar se le queda por la garganta,
y al reloj que está lento, se le adelanta,
derramando de sueños toda la almohada.
Esta abuela que sueña en la luz dorada
de la aurora y por eso no se levanta.
Esta abuela que canta con voz salada.

Con cunitas y globos y cascabeles

y un camino de azúcar y de membrillo,

me imagino llegando. Mayo amarillo

que usa rayos de ámbar como pinceles

y dibuja tu rostro por mis papeles

donde escribo canciones con estribillo

que te hablan de globos y cascabeles.

Este Mayo que llega porque es mi amigo,

y me ata a tu cuna y me desata,

rescatando brillitos como de plata,

mientras muy calentito teje tu abrigo.

Y un vientito de otoño sueña conmigo.

Y un vientito te nombra a ti, Renata,

mientras Mayo me abraza porque es mi amigo.

Y ando muerta de risa por todo el mundo

con mis versos más tiernos y esta alegría.

¡Que tu vida es mi vida, y la vida mía,

va colmando de dicha cada segundo!

Y parezco a un aljibe de amor profundo.

Esta abuela que te ama y en su poesía

anda muerta de risa por todo el mundo.

Yo te espero gozosa y sigo esperando,

y esperando que llegues, digo "te quiero",

y mi mundo está lleno, llenito entero

de mis próximos besos que están besando

cada día que pasa, y así, escribiendo,

lleno de mil versitos mi andar viajero.

Yo te espero gozosa y sigo esperando.

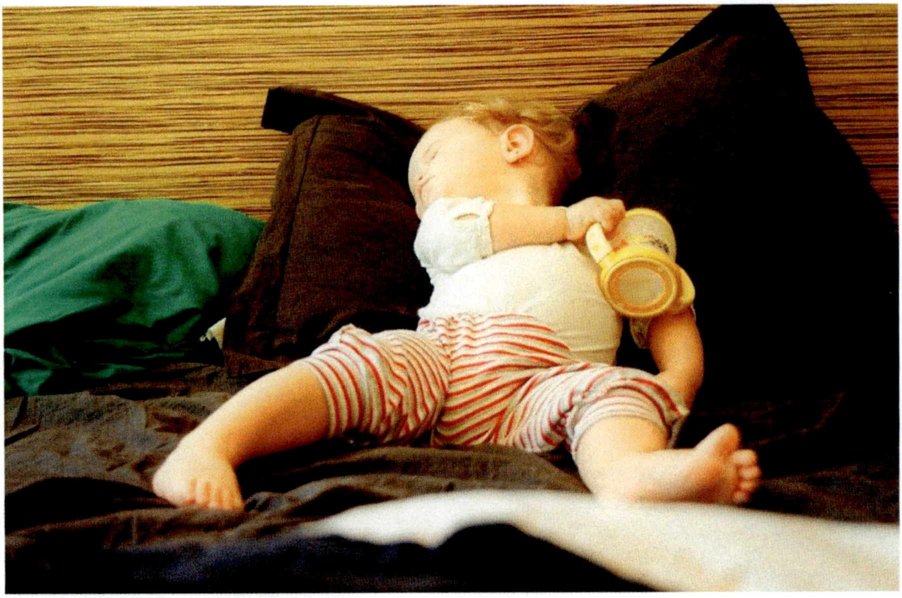

Segunda parte

¿Qué me esperas mirando la ventana?

¿Qué en un sueño posible siempre me empeño?

¿Qué viviendo tu encuentro, vivo un ensueño

Y ya lleno de viajes la luz temprana?

¿Qué me siento cerquita cada mañana

cuando llego y no llego, pero yo sueño

que me esperas mirando por la ventana.

Las palabras que estrenas casi adivino,

en tu voz tan blandita , blandita y breve

ensayando un sonido, un brote leve,

de palabritas cortitas , de miel y trino,

Silabitas que amo y que imagino

en tu voz livianita que me conmueve

en palabras que estrenas y que adivino.

¡Por ti busco rayitos muy amarillos!
¡Por ti busco juguetes de mil colores!
Voy buscando en secreto los surtidores
de canciones y orquesta de muchos grillos.
Voy pensando en el dulce de los membrillos
Y te junto olorcitos de muchas flores
¡Voy juntando rayitos muy amarillos!

Palabritas de trino, trino cascado,
luego trino de risa, de mermelada,
palabritas que dices como si un hada
te dictara sabihonda lo que has pensado.
Y dirás palabritas sobre mi almohada
Y dirás en mi pecho como si nada
palabritas de trino, trino cascado.

Y te escucho y no escucho pero imagino

du lenguaje dorado de duende inquieto

Y te hablo bajito como en secreto,

Y te invento versitos que no termino

Que te digo al oído y que imagino

Repasando muy sabía ese alfabeto

Que no escucho y escucho y que adivino.

Botoncito de Mayo, tan redondito,

Compartiendo tu mundo con tu lenguaje,

Silabitas que corren como en un viaje

Y se encuentran conmigo, y te las quito

Y las clavo en mi alma con un clavito

y me apuro, pequeña con mi equipaje.

Botoncito de Mayo, tan redondito.

¿Es que tienes guardado un pajarito?

en tu breve garganta , mientras intentas

explicarnos tu mundo, mientras me inventas

una vida de Mayo riendo al solcito

Ese Mayo que ríe con tu cantito

escuchando tus trinos mientras me alientas …

¿Es que tienes guardado un pajarito?

Pronto, pronto, prontito voy a abrazarte

Esta abuela que vuela solo por verte,

esta abuela que no hace más que quererte

y te sueña despierta sin despertarte.

Y entre versos versitos, imaginarte

Abrazando de lejos fuerte muy fuerte.

Pronto, pronto prontito voy a abrazarte.

Campanita amarilla, breve y dorada,
¿Qué me has hecho que no hago más que versitos
que me brotan y brotan y entre saltitos
se me escapan del alma siempre rimada,
dando vueltas mi mundo como si nada,
poemitas que llueven tan chiquititos.
Campanita dorada, breve y dorada.

Ay... ¡Qué cosas que haces!¡Cuánto revuelo!
Y yo bajo a tu cuna solo por darte
Un besito invisible y sin tocarte
Acaricio tu rostro de terciopelo.
y me vuelvo despacio surcando el cielo
para luego en mi vuelo imaginarte.

Ah... cosas que hago ¡Cuánto revuelo!
¿Una gran bailarina? ¿Qué es lo que pasa?
Que hecha un trompo de soles, sigues bailando.
Y un trocito de Mayo te va inspirando,
vas bailando contenta, vas por la casa
dando giros tan leve como la gasa.
Y yo giro de lejos y sigo girando
Con mi gran bailarina... ¿Qué es lo que pasa?

Tan menuda y tan grande, llenas tu espacio
Y tu casa y mi casa, y mi mundo entero.
Y te digo y te digo cuánto te quiero
Y te invento mil hadas y mil palacios
Mientras todos mis besos vuelan despacio
a posarse en tu frente como un jilguero
Tan menuda y tan grande, llenas mi espacio.

Y la luna se pone una mantilla

Y su ajuar de brillitos y lentejuela

Y se queda a tu lado como una abuela

sentadita brillando sobre la silla

Esta luna de Mayo que brilla y brilla

y que hace de estufa y de candela

muy coqueta en su blanca, blanca mantilla.

Y el solcito que tiene gusto a vainilla

Chocolate y un poco de caramelo,

Y los pone en tu boca y sobre tu pelo

Deja hebritas de oro tan amarilla.

Tanta gracia en tu porte como una ardilla

Pequeñita, ¿qué haces poblando el suelo

con solcitos que tienen gusto a vainilla?

Tus piecitos tan breves y tan ligeros

que te mueves tan bella, con tanta magia

que tu danza de grillo se nos contagia

y yo bailo a tu lado con pies viajeros.

Musiquita que alegre que nos presagia

que estaremos juntitas días enteros

con piecitos muy breves y muy ligeros.

¡Cómo sueño, pequeña, con esos besos!

que con arte de abuela sobre tu frente

dejaré entre leñitas de un sol urgente...

Como sueño con besos, sueños con esos

mil besitos de almíbar y muy traviesos

Cómo sueño este sueño tan insistente

¡Cómo sueño, pequeña, con esos besos!

¿Qué me pides la luna?, ¡voy a buscarla!
Porque el sol ya lo tienes dentro, muy dentro.
Corazón que me estalla de tan contento
cuando bajo la luna para dejarla
a tu lado y tú juegas a iluminarla
¿Qué me pides la estrella? Sí, sí...Lo intento
¿Qué me pides la luna? ¡Voy a buscarla!

Yo quería contarte como en secreto
que te quiero y te quiero de tal manera
que te mando caricias, que no hay frontera
que detenga mi vuelo tan indiscreto.
Avioncitos que aprenden el alfabeto
Y me llevan cantando hasta tu acera.
Y que a nadie le cuento porque es secreto.

Pequeñita de Mayo...pronto, algún día
vas a verme que llego y la distancia
será un juego olvidado. Ah... ¡Qué constancia!
ha tenido mi espera y mi alegría!
Pequeñita de Mayo y de mi poesía
Y que inundas mi vuelta, con tu fragancia.
Pequeñita de Mayo...pronto, algún día.

Y algún día, Renata, cuna por cuna,
estas rimas de abuela serán tu herencia,
esta abuela que tiene poca paciencia
y te escribe y te escribe. Quizás alguna
quedará en tu cunita y en nuestra luna
mis canciones que cantan desde tu infancia
Mi pequeña Renata, cuna por cuna.

Mis versitos de Mayo se van callando.
Solo queda esta breve canción de cuna
Y mi amor dormidito que, una a una
va encendiendo estrellitas y va alumbrando
con brillitos el sueño que estoy soñando.

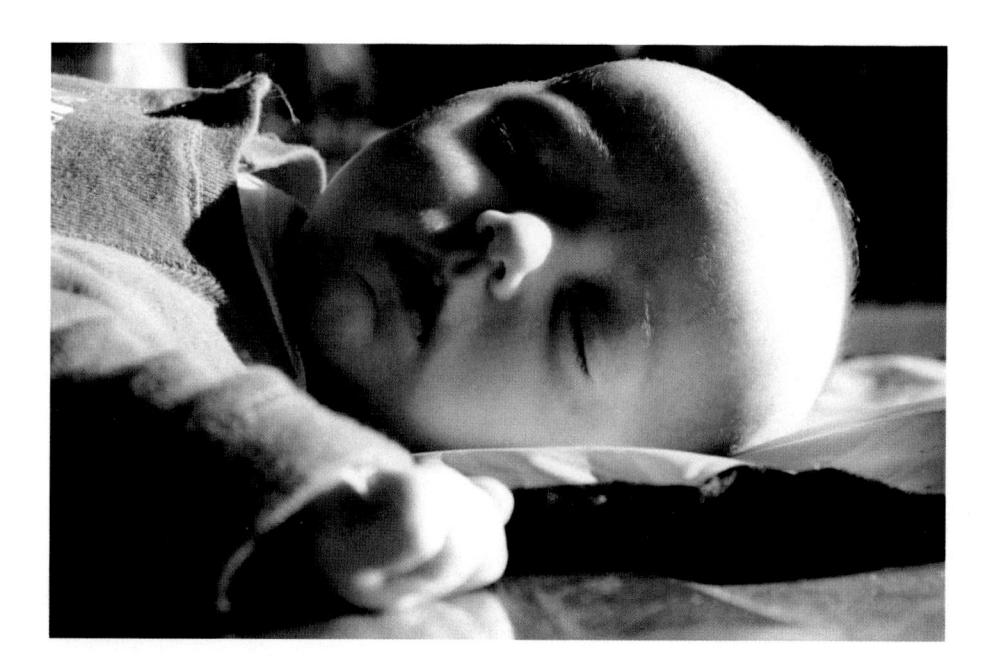

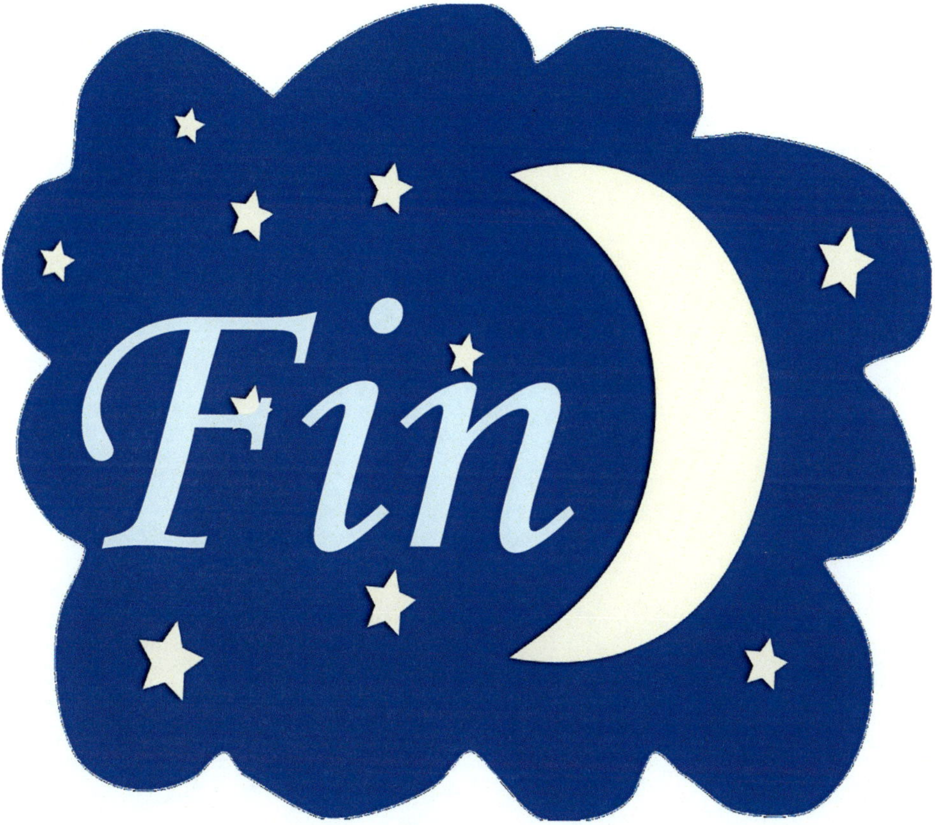
Fin

Índice

PRIMERA PARTE 9

SEGUNDA PARTE 23

OTROS LIBROS DE AURORA: 41

Otros libros de Aurora:

› Visita la página de Amazon Aurora Olmedo, encuentra todos los libros, lee sobre el autor y más.

https://amzn.to/3bIuH7x

Besos en la espalda
Sinopsis

Aurora Olmedo es una mujer tan bella como mágica. No precisa más que un sentimiento, un instante vivido con pasión, un paisaje, un recuerdo, una añoranza, un sueño, la verdad del otro, un relato que merece salir a la luz, para traducirlo en palabras y transformarlo en una historia que una vez plasmada en el papel tiene el poder de llegar a lo más profundo del corazón del lector. Toda esta magia y la riqueza de su léxico logran la perfección de la obra.

María Concepción Izquierdo Presidenta de la Asociación Poético -musical "Crisálida" de Alicante.

Puedes lee un fragmento del libro desde tu móvil escaneando este código.

Aquí encontraras esta obra:

https://amzn.to/2R4Y3Do

¡Madre Mía!

¿Qué no haría una madre por su hija?

Ante esta pregunta, que resuena en el tiempo desde el origen mismo de la humanidad, solo podemos tener una respuesta. **Lo inimaginable y aun un paso más**. La autora combina con éxito **realidad y fantasía** en una amalgama de emociones. Situaciones que desembocan en **asombro, risas y enternecimiento**. Trances equívocos y ocurrencias anecdóticas siempre resueltos desde la afectividad y la comprensión.

Puedes lee un fragmento del libro desde tu móvil escaneando este código

Aquí encontraras esta obra:

https://amzn.to/2DNcBok

Y Carlos Cataldi que no aparece

Porque la amistad para mí era eso: era caminar descalza y con el corazón expuesto; era soñar un futuro posible y otro, por si acaso, imposible; era reírse de todo y de nada y gritar con una voz que le ponía muletas a nuestras palabras

Puedes lee un fragmento del libro desde tu móvil escaneando este código

Aquí encontraras esta obra: https://amzn.to/3bMsYxR

Desde mi sur ausente

Sinopsis

¡Las abuelas no se van a otro país! ¡Las abuelas se quedan con las nietas! Valentina argumenta y tiene razón. En este libro, los diálogos entre Valentina y su abuela se suceden con el hilo conductor de un amor que ha construido un puente sobre el océano, desde un sur ausente. Sus diálogos nos muestran esa relación de amor, con preguntas difíciles de responder, con desafíos al tiempo y al espacio, unidas –abuela y nieta– no solo por el amor sino por la magia que entre ellas han cultivado como un escudo para poder convivir con la distancia y esos aeropuertos malos, como dice Valentina, que nos empujan al cielo, diciendo adiós.

Puedes lee un fragmento del libro desde tu móvil escaneando este código

Aquí encontraras esta obra:

https://amzn.to/3iGZeoK

Mi hombrecito del semáforo que me enseñó a vivire

Sinopsis

—¿Qué sos? ¿Una mujer o una zanahoria?

El hombre Verde se baja del semáforo para conocer a una mujer y salvarla de la invisibilidad.

Una historia de amor, ternura y transformación entre el hombrecito verde del semáforo y la persona que él eligió porque supo que algo diferente había en ella. Los consejos y el amor de Hombre Verde hacen de esta historia una invitación a ser la mejor versión de nosotros mismos, a la superación, a la felicidad, dejando atrás a quienes nunca han sabido valorarnos. Él la llamaba Corazón Valiente y, al fin, ella, lo creyó.

Puedes lee un fragmento del libro desde tu móvil escaneando este código.

Aquí encontraras esta obra: https://amzn.to/3hMMyeA

Biografía

AURORA OLMEDO VIDELA

Profesora de Inglés. Filología inglesa, especializada en Literatura e Instructora de Ceremonial y Protocolo. Nací en Argentina y viví allí hasta el año 2003. Actualmente resido en Alicante, España, donde ejerzo mi profesión y coordino el Taller Literario Las Letras y los Días.
Actualmente pertenezco al (C.E.A.L.)Centro de Escritores Argentinos y Latinoamericanos cuya directora es la Sra. Esmeralda Longhi Suárez y al grupo de poesía "La rebelión de los Poetas", en Argentina.

Últimos reconocimientos

- 2019 México Puebla Fusionando Culturas, México— Argentina— acto organizado por Aurora Olmedo
- 2019 Carta de Guadalupe a Moreno, mi amor, mi amor. Poesía Mención Centro Cultural MDP
- 2019 Revista Aforismos Venezuela Cuento "Locos por ella"
- 2018 Poesía "Los Voluntarios" Premio a la Palabra. Instituto Cultural Latinoamericano, en el 61° Concurso Internacional de Poesía y Narrativa. Junin, Buenos Aires, Argentina.
- 2018 Colaboración Cultura Puebla, Mexico SABERSINFIN
- 2018Revista Yzur , New Jersey , EEUU. Poesía "Refugiados"
- 2018 Participación en el Tortoni de Buenos Aires como todos los años, representada por Marta Videla.
- 2017 Colaboración con la Blog Literario de la Revista AWEN, Venezuela
- 2017 Finalista en el concurso Historias de Otoño e Invierno Centro Letras con Arte.
- Relato" Los ruidos del hambre"
- 2017 Publicación Revista Le MieuNoir Revista de arte y literatura "Un hombre en mi espalda" Cuento

- 2016 Reconocimiento a escritoras entregado por el Foro Femenino Latinoamericano y Red Cultural de Mujeres Alfonsina Storni, con Representaciones de Mujeres de Mar del Plata, Argentina , Guatemala, Ecuador, México
- 2016 Editorial Sopa de Letras. 2ª Concurso de Cuentos Policiales" Mención y participación en la antología por el cuento "El mundo de los otros"
- 2015 Decimas al filo. Encuentro Nacional en Guáimaro Premio Especial por Decima "La culpa morena" , Cuba
- Poesía "Ofrenda", seleccionada para formar parte de la publicación en la Segunda Convocatoria de Poesía Erótica, organizada por el Centro Canario de Estudios Caribeños en Las Palmas 2014
- 4º Mencion Especial Círculo de Escritores y Lectores Brandseños 2014 "Regreso"
- IIº Concurso regional e internacional de poesía, cuento y carta al otro.
- 2º Premio Poesía el 3º Certamen de Poesía Ediciones Literarte, declarado de Interés Cultural por la Secretaría de Cultura Presidencia de la Nación Argentina
- 2º Premio Poesía "Los árboles condenados" II CONCURSO NUNDIAL DE ECOPOESIA 2012 Perú
- 1ºPremio Cuento "El dedo que falta" C.Kimberley Mar del Plata Argentina 2011
- 2º Premio Poesía "Brevedad" C.Kimberley Mar del Plata Argentina2011
- 1º Mención Poesía "Vértigo", Olavarria, Buenos Aires. Septiembre 2011
- 2º Premio Cuento "Alguien siempre detrás de mí", Olavarria, Buenos Aires. Septiembre 2011
- Mención de Honor La Pluma de Plata Abril 2011 Pehuajo Argentina Cuento y Poesía Mención Mención Concurso Homenaje a Maruxa Boga 2011 España Poesías
- Fundación Cultural Latinoamericana

- Colaboración Autores de habla española (Poesía, Novela, Cuento, Ensayo, Historia y Teatro). / Biografías de escritores / Colombia Noviembre de 2010
- POESÍA IBEROAMERICANA
- 2ª Premio Junín País 2010 Internacional Editorial Delastreslagunas Argentina Poesías Septiembre 2010
- Colaboración con Fundación Cultural Latinoamericana 2010
- 1º Premio Poesía Posesión Editorial B612 2010 Expropiación y otros A nivel nacional
- 1º Mención Cuento La brevedad Editorial 612 2010
- 2º Premio El Mundo lleva alas. "Poesía Recuerdo" EEUU Florida 2009
- Mención Honor "El sol sale argentino" — Cuento. 2007
- Mención Honor "Inevitablemente amando a Sabina" APS 2007
- 2ª Premio Escritores Marplatenses, 2005 " Caronte"
- 5º Premio Nacional Cuentos Córdoba "El sudor de los caballos" 2003
- 1 Premio Encuentro Villalonga ."Perdón por la tristeza". 2003
- 2º Premio Poesía "Pozos". Asociación Concurso Nacional de Poesía Inédita. Diciembre 2002
- Mención Poesía "Tierra cansada". A.I.B.A. Asociación Impulso de Bellas Artes. 2002
- Mención Nacional Municipalidad de Azul Cuento: Grises para la tarde 2002
- 1º Premio S.A.D.A.P. Cuento. "Malena". 2001 —
- 1º Mención de Honor S.A.D.A.P. Cuento "Tres veces en la sombra".
- Reconocimiento literario 2001 . Encuentro literario Escritores del sur y de Chile. Villalonga Cuento "Buscando a Raúl Bizancio"
- 2º Mención Feria del libro — Córdoba. Cuento— "Los seres, las cuitas y las cosas" —2000
- 1º Premio Talentos veintiuno.1996 Rubro Poesía "Compañeros, colegas, coterráneos

- 2° Mención Premio Santa Clara del Mar "Trabajo forzado"
- 3° Premio a nivel nacional "Inspiración" 1ª Mención de Honor Cuento "Las Aguas Largas"
- Reconocimiento "Distinción Mujer 2000" – Argentina
- Mención Cuento "Los héroes estafados" Marzo 2000 –
- Premio Faro de Oro de interés nacional. 1999 en rubro Cultura
- 1° Premio Concurso De Poesía "Discépolo" "Hoy somos todos héroes" a nivel nacional 1995
- 1° Mención Revista La tinaja Cap. Federal "Los Cónyuges distantes" y "Mesa de café"1996
- 1°Mención Premio Roberto Damián Nuñez Conjunto de poesías" Memorias del Olvido"1997
- 1°Premio a nivel Nacional Feria del Libro en Chubut (Gaiman) "El sueño Vulnerado"1998
- 1° Premio Taller Literario Mar del Plata Poesía "Carta Apócrifa a Facundo Quiroga"
- 1° Premio Taller Literario Mar del Plata Poesía "Solo te pido ayuda"
- ll Bienal de Arte "Dimensión" 1996 Selección destacada.
- Mención de honor Ediciones Baobab Cap. Fed. "Poeta que se muere" "Caminando"1996
- Selección por Cosmopolitan Art Gallery "Canción desde la ciudad"1996
- Mención Talentos Veintiuno 1996 Rubro Cuento "Dama de compañía"
- 3° Premio Concurso de Cuento Institución Marplatense "Luna Tremenda" 1998
- Mención Cuento Unión Aragonense Mar del Plata "España y su consigna pobladora" 1985
- Mención Cuento Centro cultural Mar del Plata "El tigre" 1985
- 2° Premio Sociedad de Escritores "Largo es el Camino a casa." 1985

- 2° Premio "Alfonsina" en Sonetos Asociación Letras y Artes 1998
- 1° Mención "Alfonsina" Pareados Asociación Letras y Artes 1998
- Entrega de ExLibris en Literatura y premio San Leonardo a nivel nacional (Reconocimiento)
- Premio Mención de Honor Faro de Oro 24 de Febrero de 1999
- Exposición Libros artesanales con la artista plástica Stella Vargas 1999 con la coordinación de Norma de Biafore. Entrega Ex Libris

- En Octubre 2010 se llevó a cabo un Unipersonal "Entre Alfonsina y Aurora", textos de Alfonsina Storni y Aurora Olmedo, a cargo de Patricia Villareal, en la ciudad de Mar del Plata.
- He presentado 16 libros, cuatro de poesías, un libro fruto de un Taller Literario, dos libros de cuentos y dos novelas cortas.

- Libros de poesía: "Hoy somos todos héroes" , "El verso habitado" , "De vez en cuando, la risa" , "Cintia, Ciruela y Cielito" , "Personal", éste último resultado de un Taller Literario, Noticias de mi amor, Versitos de Sol y Ámbar (Poesía infantil 2017)
- Libro de Cuentos: El sol sale argentino, Donde habitan los buenos , Besos en la espalda(2017)
- Relatos: "Mi vida color cerezo", "Mi hombre verde que quería vivir"
- Novelas cortas: "Buscando a Valentina", "¡Madre Mía!" "Y Carlos Cataldi que no aparece", "Desde mi sur ausente"
- Trabajo con Ediciones Emilio, editorial coordinada por Esmeralda Longhi Suarez.

MARCOS BARRENA

Fotógrafo argentino. Ha sido reiteradamente convocado para exhibiciones entre ellas:
- El Festival de la Luz en el teatro Auditórium en Mar del Plata.
- Marcos cultivó durante un tiempo el álgebra y un día creyó que esos saberes ya no serían parte de su vida.
- "Las Garitas", una de sus mayores exposiciones es fruto de un largo trabajo y su talento.
- También participó en Rostrario Marplatense IV en La Cámara Argentina de la Construcción así como en otros eventos y revistas cuya temática es la fotografía.

Made in United States
Orlando, FL
27 March 2025